Impressum
Verlag: BABADADA GmbH, Nedderfeld 112 , 22529 Hamburg
Geschäftsführer / Verlagsleitung: Harald Hof
Druck: Books on Demand GmbH, In de Tarpen 42, 22848 Norderstedt

Imprint
Publisher: BABADADA GmbH, Nedderfeld 112 , 22529 Hamburg, Germany
Managing Director / Publishing direction: Harald Hof
Print: Books on Demand GmbH, In de Tarpen 42, 22848 Norderstedt

el colegio
école

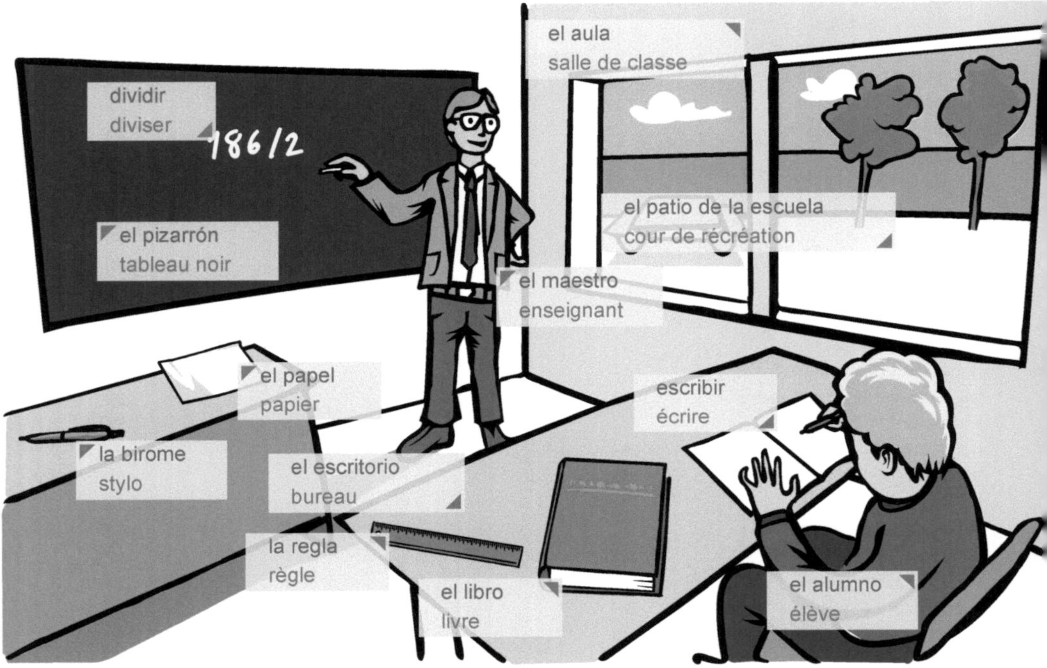
el aula
salle de classe
dividir
diviser
186/2
el pizarrón
tableau noir
el patio de la escuela
cour de récréation
el maestro
enseignant
el papel
papier
escribir
écrire
la birome
stylo
el escritorio
bureau
la regla
règle
el libro
livre
el alumno
élève

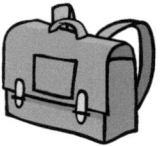

la mochila
sac d'école

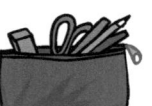

la caja de lápices
trousse

el lápiz
crayon

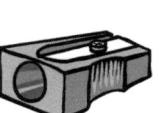

el sacapuntas
taille-crayon

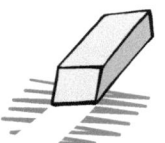

la goma (de borrar)
gomme

el bloc de dibujo
carnet à dessin

el dibujo

dessin

el pincel

pinceau

la caja de pinturas

boîte de peinture

la tijera

ciseaux

el pegamento

colle

el cuaderno de ejercicios

cahier d'exercices

la tarea

tâches

el número

chiffre

sumar

additionner

restar

soustraire

multiplicar

multiplier

calcular

calculer

la letra

lettre

el abecedario

alphabet

la palabra

mot

el texto

texte

leer

lire

la tiza

craie

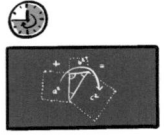

la lección

leçon

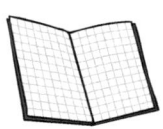

el cuaderno de clase

livre de classe

el examen

examen

el certificado

certificat

el uniforme escolar

uniforme scolaire

la educación

formation

la enciclopedia

lexique

la universidad

université

el microscopio

microscope

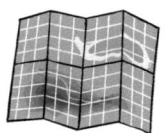

el mapa

carte

el tacho (de basura)

corbeille à papier

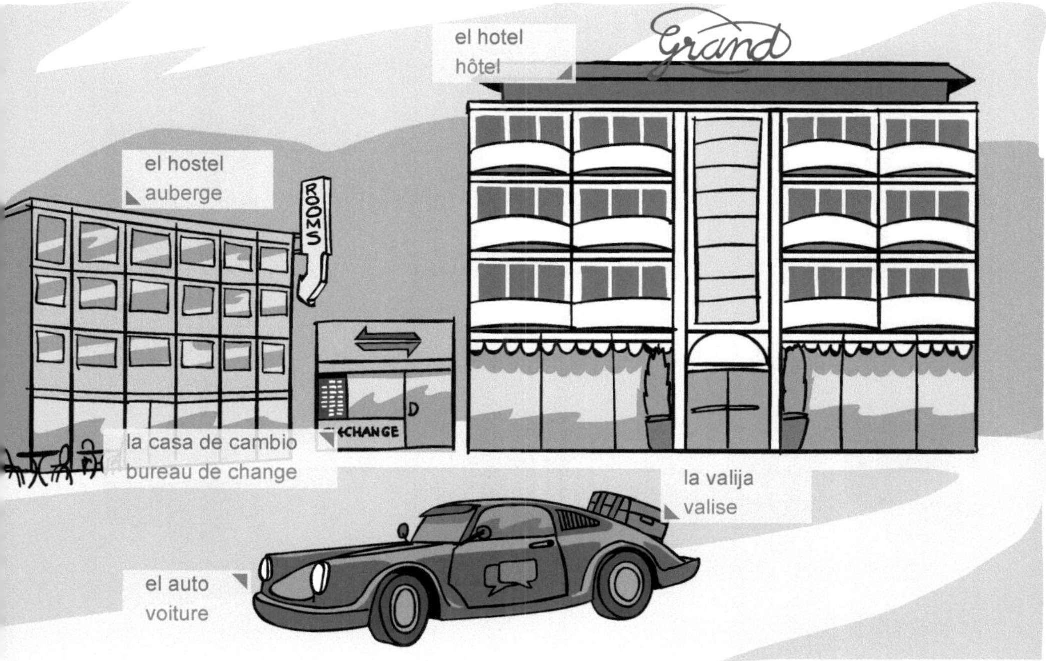
el hotel
hôtel
Grand
el hostel
auberge
ROOMS
la casa de cambio
bureau de change
EXCHANGE
la valija
valise
el auto
voiture

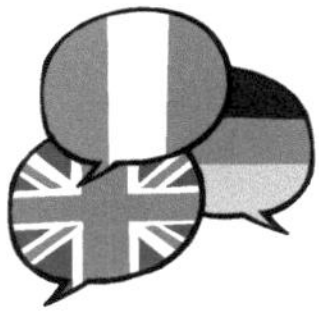

el idioma

langue

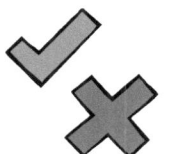

sí / no

oui / non

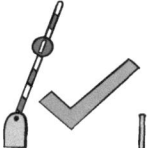

Está bien

d'accord

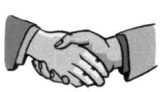

hola

Salut

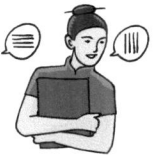

el traductor

interprète

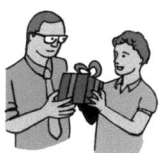

Gracias

merci

¿cuánto cuesta...?

Combien coûte...?

No entiendo

Je ne comprends pas

el problema

problème

¡Buenas tardes!

Bonsoir!

¡Buenos días!

Bonjour!

¡Buenas noches!

Bonne nuit!

el adiós

Au revoir

la dirección

direction

el equipaje

bagages

el bolso

sac

la mochila

sac-à-dos

el invitado

hôte

la habitación

pièce

la bolsa de dormir

sac de couchage

la carpa

tente

el viaje - voyage

la información turística

office de tourisme

la playa

plage

la tarjeta de crédito

carte de crédit

el desayuno

petit-déjeuner

el almuerzo

déjeuner

la cena

dîner

el pasaje

billet

el ascensor

ascenseur

el sello

timbre

la frontera

frontière

la aduana

douane

la embajada

ambassade

la visa

visa

el pasaporte

passeport

el transporte
transport

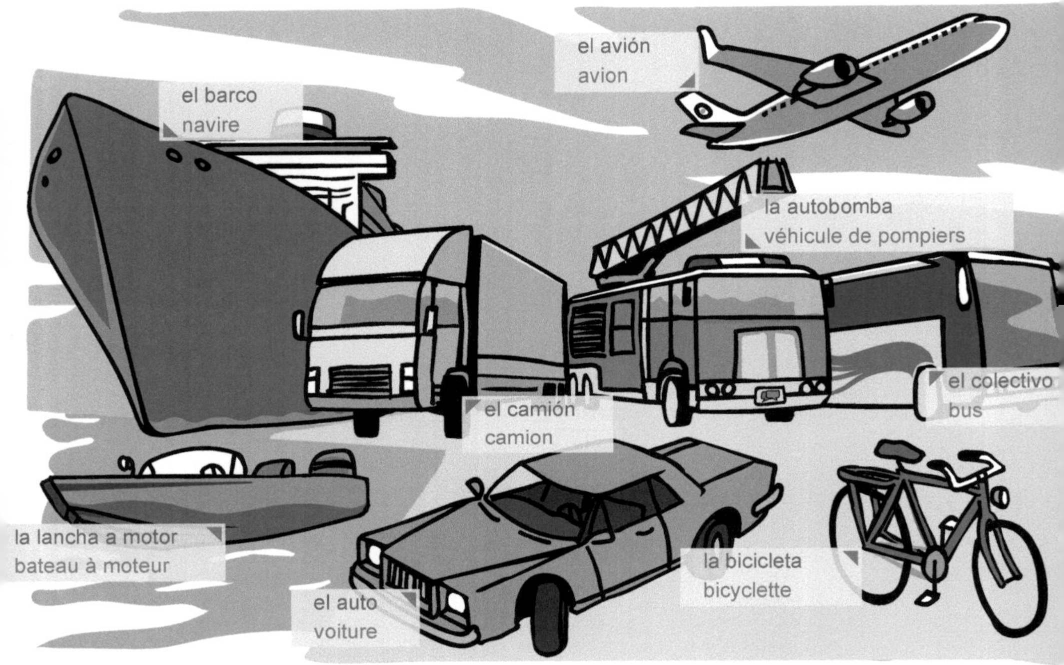
el avión
avion
el barco
navire
la autobomba
véhicule de pompiers
el colectivo
bus
el camión
camion
la lancha a motor
bateau à moteur
la bicicleta
bicyclette
el auto
voiture

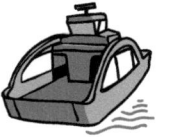

el ferry

ferry

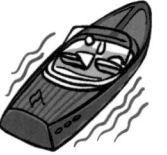

el bote

barque

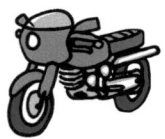

la moto

moto

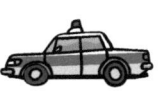

el patrullero

voiture de police

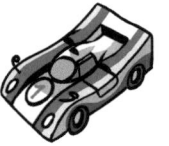

el auto de carreras

voiture de course

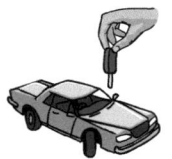

el auto de alquiler

voiture de location

el alquiler de autos

autopartage

la grúa

dépanneuse

el camión de la basura

benne à ordures

el motor

moteur

la nafta

essence

la estación de servicio

station d'essence

la señal de tránsito

panneau indicateur

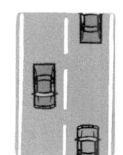

el tránsito

trafic

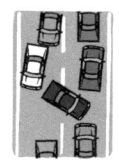

el embotellamiento

embouteillage

el estacionamiento

parking

la estación de tren

gare

las vías

rails

el tren

train

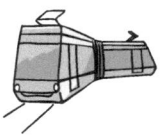

el tranvía

tram

el vagón

wagon

el helicóptero

hélicoptère

el aeropuerto

aéroport

la torre

tour

el pasajero

passager

el contenedor

container

la caja de cartón

carton

la carretilla

chariot

la canasta

corbeille

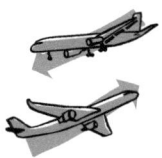

despegar / aterrizar

décoller / atterrir

la ciudad
ville

el pueblo

village

el centro de la ciudad

centre-ville

la casa

maison

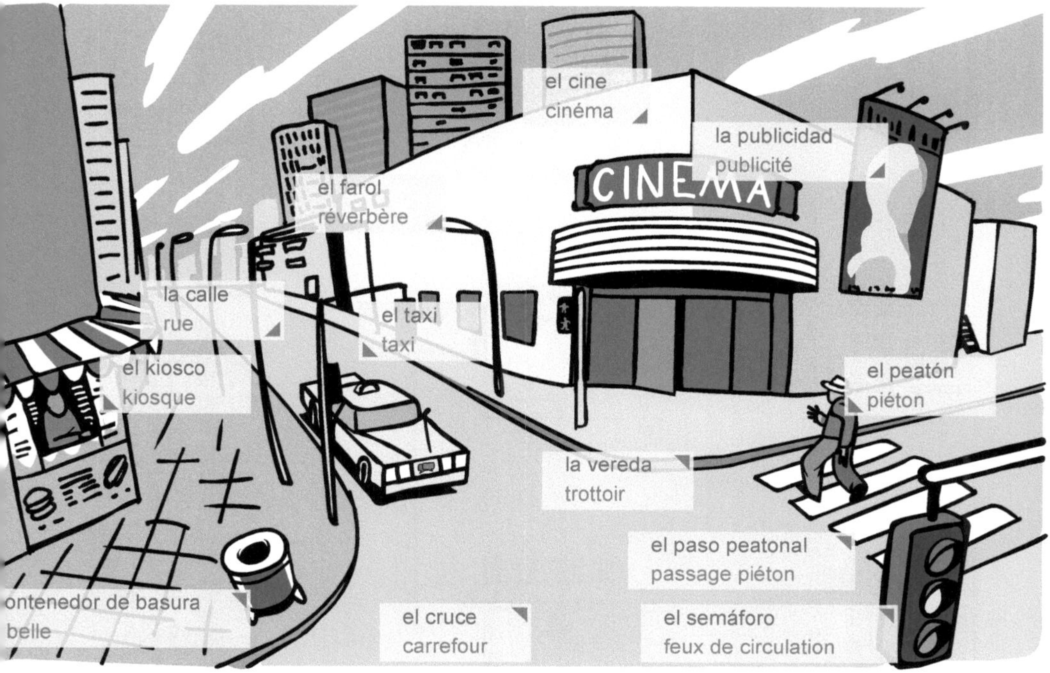

el cine
cinéma

la publicidad
publicité

el farol
réverbère

la calle
rue

el taxi
taxi

el kiosco
kiosque

el peatón
piéton

la vereda
trottoir

el paso peatonal
passage piéton

ontenedor de basura
belle

el cruce
carrefour

el semáforo
feux de circulation

CINEMA

la cabaña
cabane

el departamento
appartement

la estación de tren
gare

la municipalidad
mairie

el museo
musée

el colegio
école

la ciudad - ville

la universidad

université

el banco

banque

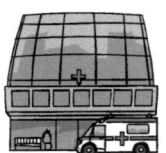

el hospital

hôpital

el hotel

hôtel

la farmacia

pharmacie

la oficina

bureau

la librería

librairie

el negocio

magasin

la florería

fleuriste

el supermercado

supermarché

el mercado

marché

las grandes tiendas

grand magasin

la pescadería

poissonnerie

el centro comercial

centre commercial

el puerto

port

el parque
parc

el banco
banque

el puente
pont

las escaleras
escaliers

el subte
métro

el túnel
tunnel

la parada del colectivo
arrêt de bus

el bar
bar

el restaurante
restaurant

el buzón
boîte à lettres

el letrero
panneau indicateur

el parquímetro
parcomètre

el zoológico
zoo

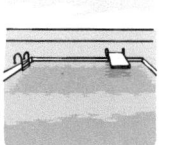

la pileta
réverbère

la mezquita
mosquée

la ciudad - ville

la granja

ferme

la contaminación

pollution

el cementerio

cimetière

la iglesia

église

los juegos infantiles

aire de jeux

el templo

temple

el paisaje

paysage

la hoja
feuille

el poste indicador
panneau indicateur

el camino
chemin

la pradera
pré

la piedra
pierre

el árbol
arbre

el excursionista
randonneur

el río
rivière

la hierba
herbe

la flor
fleur

el valle

vallée

la montaña

montagne

el lago

lac

el bosque

forêt

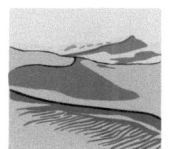

el desierto

désert

el volcán

volcan

el castillo

château

el arco iris

arc-en-ciel

el champiñón

champignon

la palmera

palmier

el mosquito

moustique

la mosca

mouche

la hormiga

fourmis

la abeja

abeille

la araña

araignée

el escarabajo

scarabée

la rana

grenouille

la ardilla

écureuil

el erizo

hérisson

la liebre

lapin

la lechuza

chouette

el pájaro

oiseau

el cisne

cygne

el jabalí

sanglier

el ciervo

cerf

el alce

élan

la presa

barrage

el aerogenerador

éolienne

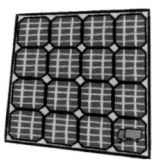

el panel solar

panneau solaire

el clima

climat

el restaurante
restaurant

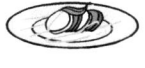

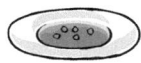

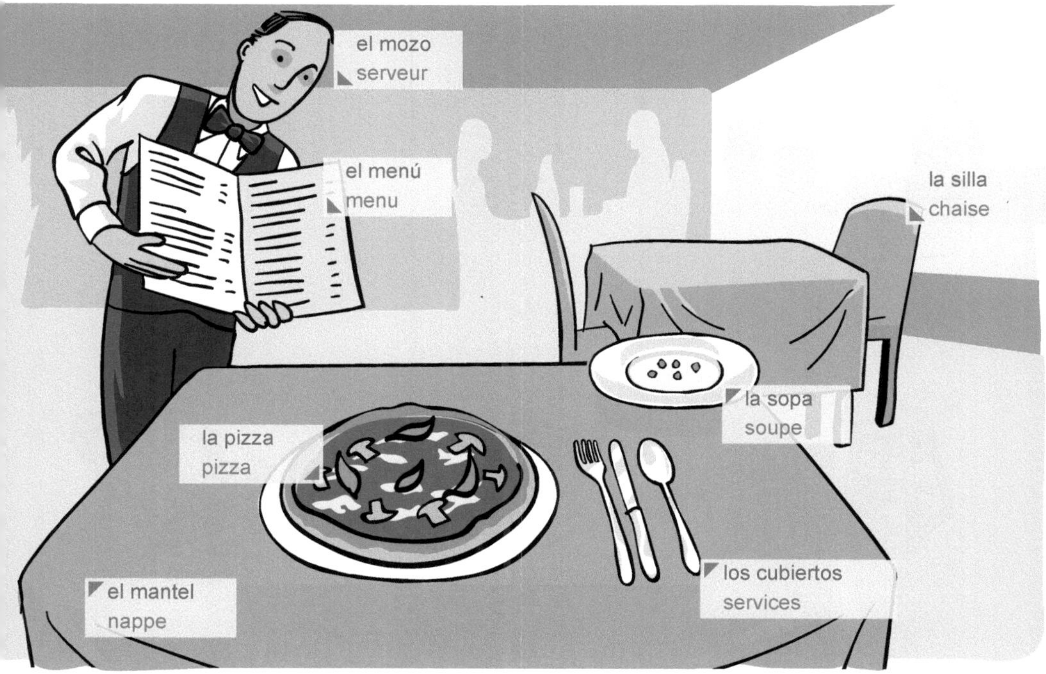
el mozo
serveur
el menú
menu
la silla
chaise
la sopa
soupe
la pizza
pizza
los cubiertos
services
el mantel
nappe

la entrada
hors d'œuvre

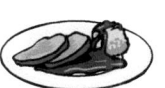

el plato principal
plat principal

el postre
dessert

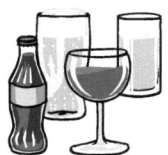

las bebidas
boissons

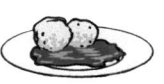

la comida
alimentation

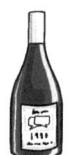

la botella
bouteille

la comida rápida

fast-food

la comida callejera

plats à emporter

la tetera

théière

la azucarera

sucrier

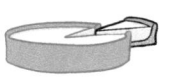

la porción

portion

la cafetera expreso

machine à expresso

la sillita alta

chaise haute

la cuenta

facture

la bandeja

plateau

el cuchillo

couteau

el tenedor

fourchette

la cuchara

cuillère

la cucharita

cuillère à thé

la servilleta

serviette

el vaso

verre

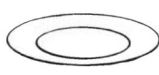

el plato

assiette

el plato hondo

assiette à soupe

el plato

soucoupe

la salsa

sauce

el salero

salière

el molinillo de pimienta

moulin à poivre

el vinagre

vinaigre

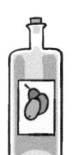

el aceite

huile

las especias

épices

el kétchup

ketchup

la mostaza

moutarde

la mayonesa

mayonnaise

el supermercado

supermarché

la oferta especial
offre promotionnelle
FOR
el cliente
client
los lácteos
produits laitiers
la fruta
fruits
el changuito
caddie

BUTCHERS

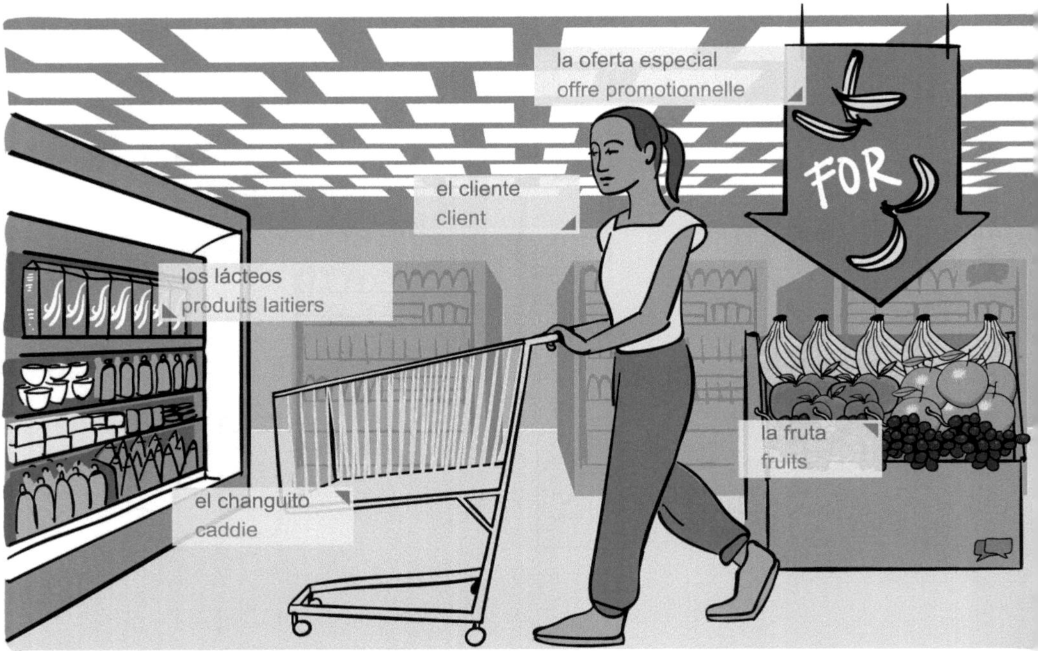

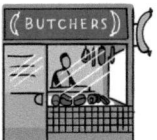

la carnicería

boucherie

BAKERY

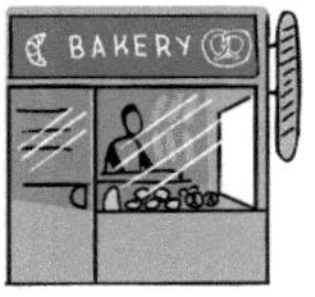

la panadería

boulangerie

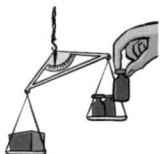

pesar

peser

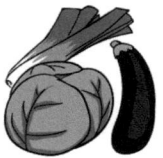

las verduras

légumes

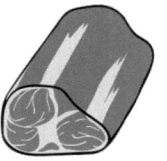

la carne

viande

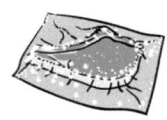

los alimentos congelados

aliments surgelés

los fiambres

charcuterie

los alimentos enlatados

conserves

el detergente en polvo

poudre à lessive

las golosinas

bonbons

los electrodomésticos

articménagers

los productos de limpieza

détergents

la vendedora

vendeuse

la caja

caisse

el cajero

caissier

la lista de compras

liste d'achats

el horario de atención

heures d'ouverture

la billetera

portefeuille

la tarjeta de crédito

carte de crédit

la cartera

sac

la bolsa de plástico

sac en plastique

el supermercado - supermarché

el agua

eau

el jugo

jus de fruit

la leche

lait

la bebida cola

coca

el vino

vin

la cerveza

bière

el alcohol

alcool

el cacao

chocolat chaud

el té

thé

el café

café

el café expreso

expresso

el cappuccino

cappuccino

la banana

banane

la manzana

pomme

la naranja

orange

el melón

melon

el limón

citron

la zanahoria

carotte

el ajo

ail

el bambú

bambou

la cebolla

oignon

el champiñón

champignon

las nueces

noisettes

los fideos

pâtes

los tallarines

spaghettis

el arroz

riz

la ensalada

salade

las papas fritas

frites

las papas fritas

pommes de terre rôties

la pizza

pizza

la hamburguesa

hamburger

el sándwich

sandwich

el churrasco

escalope

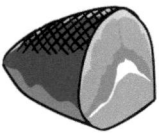

el jamón

jambon

el salame

salami

la salchicha

saucisse

el pollo

poulet

el asado

rôti

el pescado

poisson

los copos de avena

flocons d'avoine

el muesli

muesli

los copos de maíz

cornflakes

la harina

farine

la medialuna

croissant

el pancito

petits-pains

el pan

pain

la tostada

pain grillé

las galletitas

biscuits

la manteca

beurre

la cuajada

fromage blanc

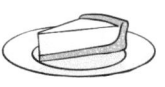

la torta

gâteau

el huevo

œuf

el huevo frito

œuf au plat

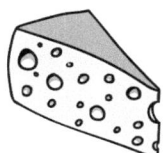

el queso

fromage

el helado

glace

el azúcar

sucre

la miel

miel

la mermelada

confiture

la pasta de chocolate

crème nougat

el curry

curry

la granja
ferme

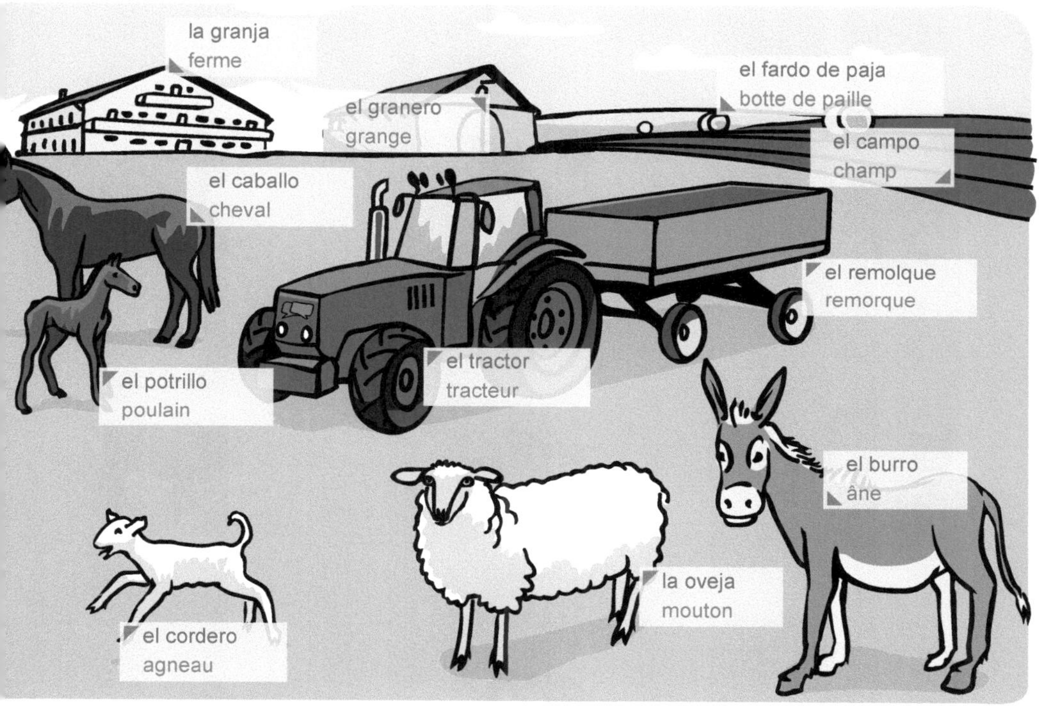

la granja
ferme
el fardo de paja
botte de paille
el granero
grange
el campo
champ
el caballo
cheval
el remolque
remorque
el tractor
tracteur
el potrillo
poulain
el burro
âne
la oveja
mouton
el cordero
agneau

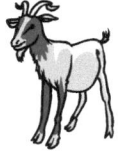

la cabra
chèvre

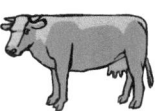

la vaca
vache

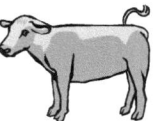

el ternero
veau

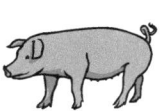

el cerdo
porc

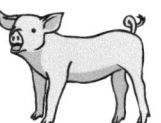

el lechón
porcelet

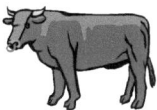

el toro
taureau

el ganso
oie

el pato
canard

el pollo
poussin

la gallina
poule

el gallo
coq

la rata
rat

el gato
chat

el ratón
souris

el buey
bœuf

el perro
chien

la cucha
chenil

la manguera
tuyau de jardin

la regadera
arrosoir

la guadaña
faucheuse

el arado
charrue

la hoz
faucille

la azada
pioche

la horquilla
fourche

el hacha
hache

la carretilla
brouette

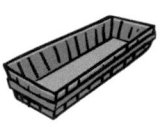

el abrevadero
cuve

la lechera
pot à lait

la bolsa
sac

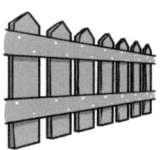

la reja
clôture

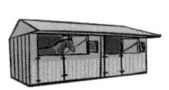

el establo
étable

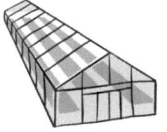

el invernadero
serre

el suelo
sol

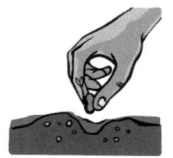

la semilla
semences

el fertilizador
engrais

la cosechadora
moissonneuse-batteuse

la granja - ferme

cosechar

récolter

la cosecha

récolte

las batatas

igname

el trigo

blé

la soja

soja

la papa

pomme de terre

el maíz

maïs

la semilla de colza

colza

el árbol frutal

arbre fruitier

la mandioca

manioc

los cereales

céréales

la casa
maison

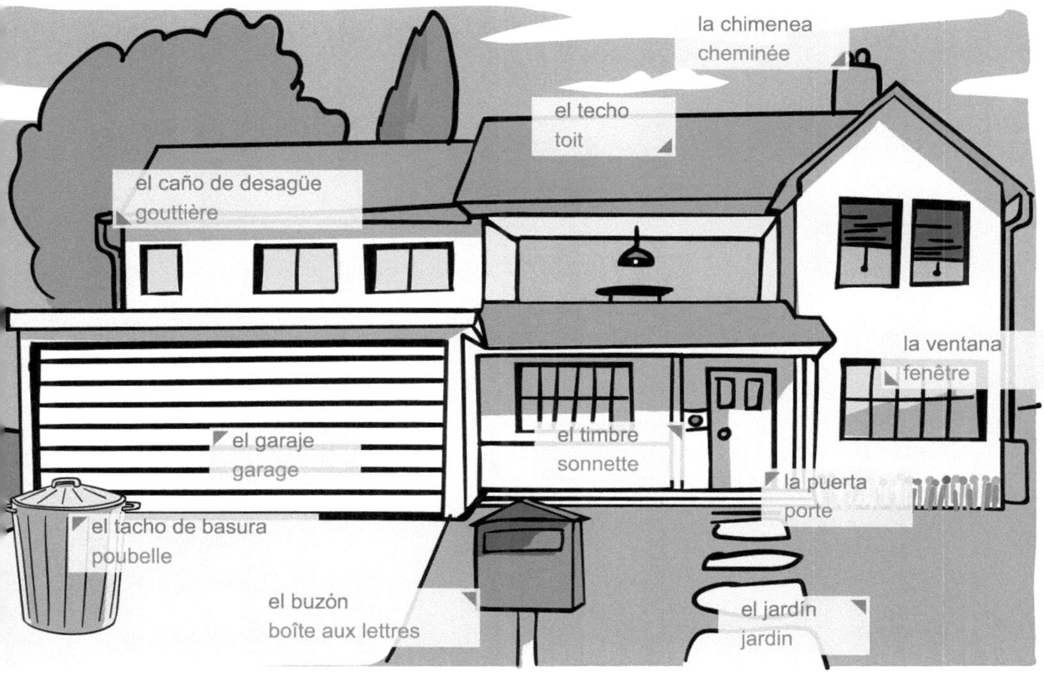
la chimenea
cheminée
el techo
toit
el caño de desagüe
gouttière
la ventana
fenêtre
el garaje
garage
el timbre
sonnette
la puerta
porte
el tacho de basura
poubelle
el buzón
boîte aux lettres
el jardín
jardin

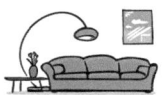

el living
salon

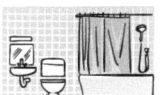

el baño
chambre de bain

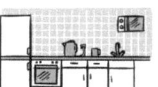

la cocina
cuisine

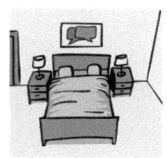

el dormitorio
chambre à coucher

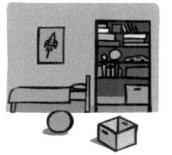

el cuarto de los chicos
chambre d'enfant

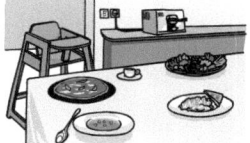

el comedor
salle à manger

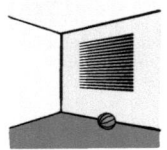

el piso
sol

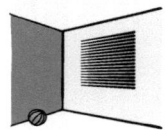

la pared
mur

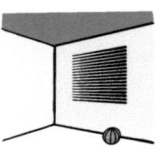

el cielorraso
plafond

el sótano
cave

el sauna
sauna

el balcón
balcon

la terraza
terrasse

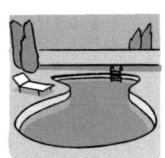

la pileta
piscine

la cortadora de pasto
tondeuse à gazon

la sábana
fourre de duvet

el acolchado
couette

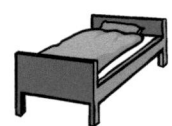

la cama
lit

la escoba
balai

el balde
sceau

el interruptor
interrupteur

el living
salon

el empapelado
papier peint
la imagen
image
la lámpara
lampe
el estante
étagère
el armario
armoire
la televisión
télé
la chimenea
cheminée
la flor
fleur
el almohadón
coussin
el sofá
canapé
el florero
vase
el control remoto
télécommande

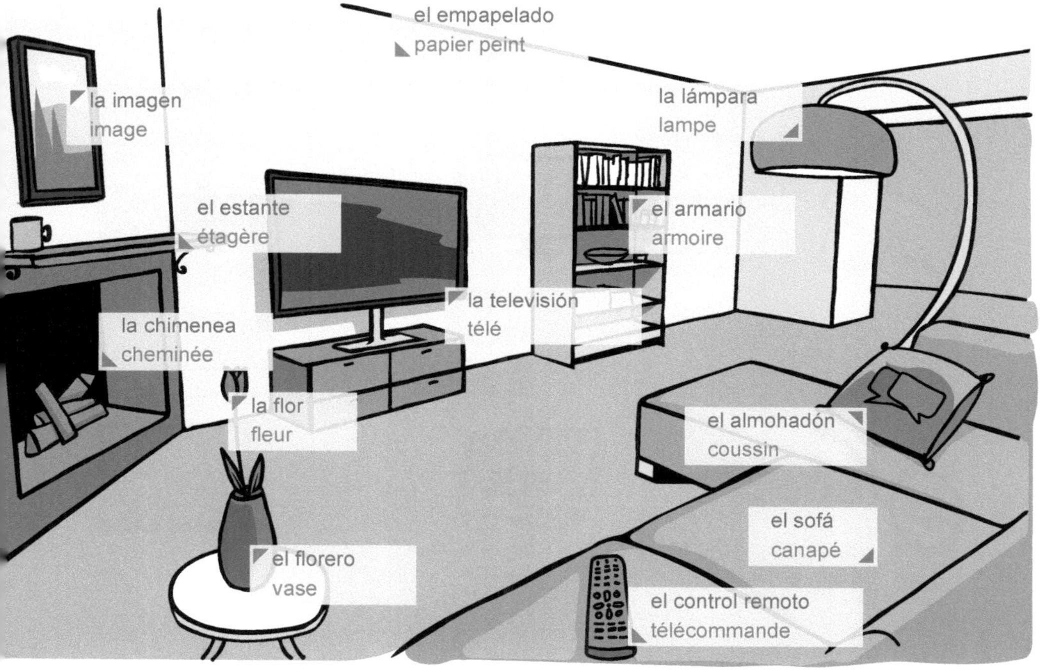

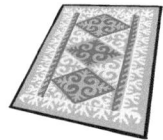

la alfombra

tapis

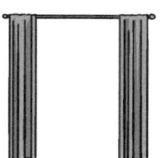

la cortina

rideau

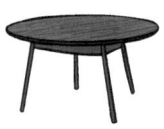

la mesa

table

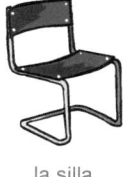

la silla

chaise

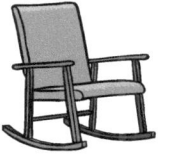

la mecedora

chaise à bascule

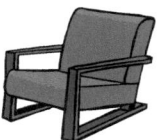

el sillón

fauteuil

el libro

livre

la frazada

couverture

la decoración

décoration

la leña

bois de chauffage

la película

film

el equipo de música

chaîne hi-fi

la llave

clé

el diario

journal

la pintura

peinture

el póster

poster

la radio

radio

el cuaderno

bloc-notes

la aspiradora

aspirateur

el cactus

cactus

la vela

bougie

la cocina
cuisine

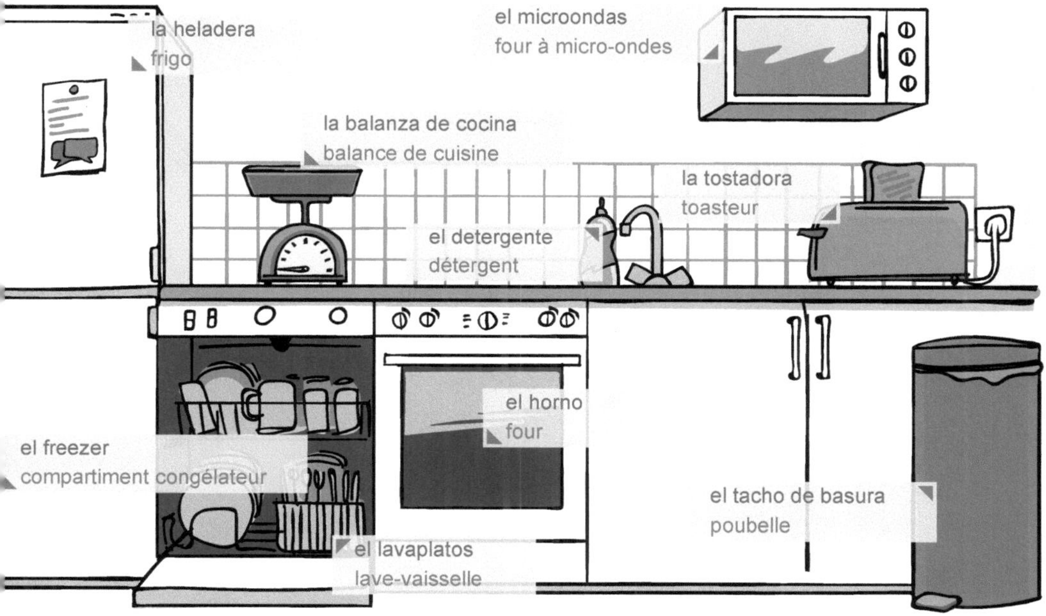

la heladera
frigo
el microondas
four à micro-ondes
la balanza de cocina
balance de cuisine
la tostadora
toasteur
el detergente
détergent
el horno
four
el freezer
compartiment congélateur
el tacho de basura
poubelle
el lavaplatos
lave-vaisselle

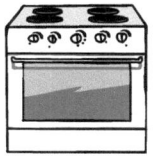

la cocina

four

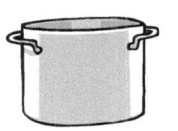

la olla

casserole

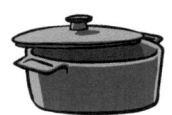

la olla de hierro fundido

marmite

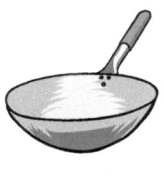

el wok

wok/kadai

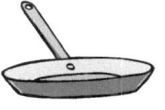

la sartén

poêle

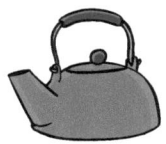

la pava

bouilloire électrique

la vaporera

cuiseur vapeur

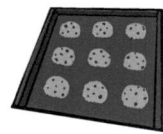

la bandeja de horno

plaque de cuisson

la vajilla

vaisselle

la taza

gobelet

el bol

bol

los palitos

baguettes

el cucharón

louche

la espátula

spatule

la batidora

fouet

el colador

passoire

el colador

tamis

el rallador

râpe

el mortero

mortier

la parrilla

barbecue

la fogata

cheminée

la tabla de picar

planche à découper

el palo de amasar

rouleau à pâtisserie

el sacacorchos

tire-bouchon

la lata

boîte

el abrelatas

ouvre-boîte

la manopla

maniques

la pileta

lavabo

el cepillo

brosse

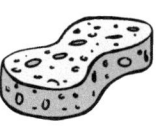

la esponja

éponge

la batidora

mixeur

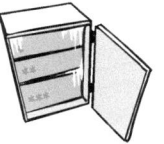

el congelador

congélateur

la mamadera

biberon

la canilla

robinet

el baño

chambre de bain

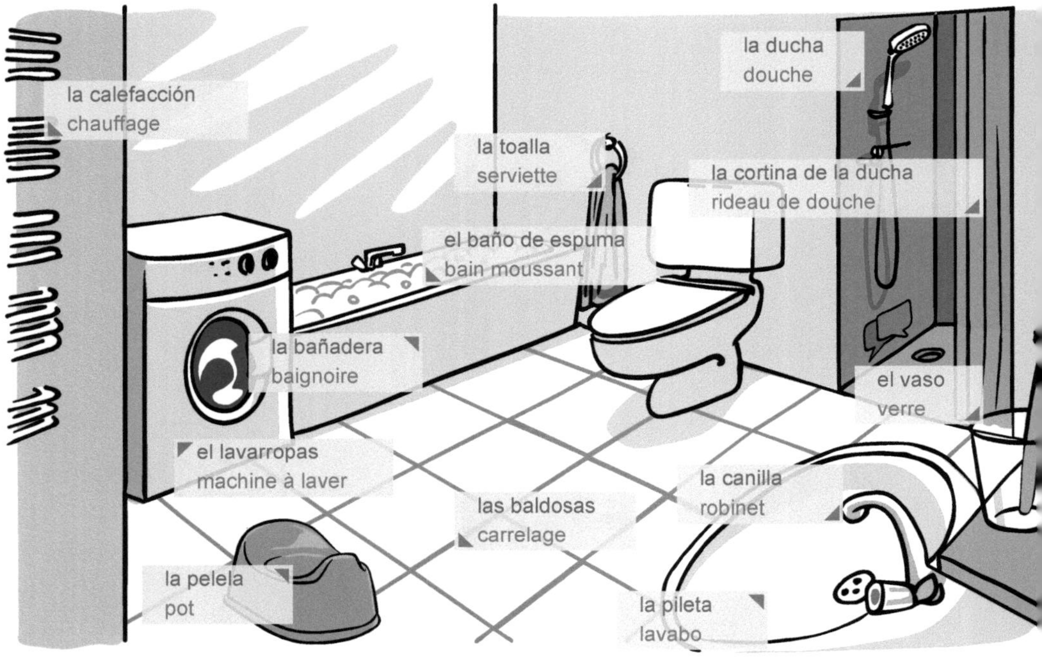

la ducha
douche

la calefacción
chauffage

la toalla
serviette

la cortina de la ducha
rideau de douche

el baño de espuma
bain moussant

la bañadera
baignoire

el vaso
verre

el lavarropas
machine à laver

la canilla
robinet

las baldosas
carrelage

la pelela
pot

la pileta
lavabo

---

el inodoro
toilettes

la letrina
toilette à turque

el bidé
bidet

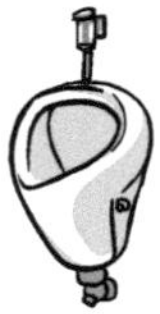

el mingitorio
urinoir

el papel higiénico
papier toilette

el cepillo para el inodoro

brosse à toilette

el cepillo de dientes

brosse à dents

el dentífrico

dentifrice

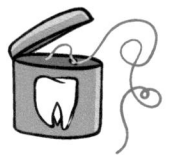

el hilo dental

fil dentaire

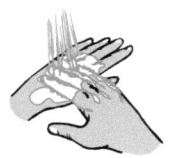

lavar

laver

la ducha de mano

douche manuelle

la ducha higiénica

douche intime

la palangana

vasque

el cepillo para la espalda

brosse dorsale

el jabón

savon

el gel de ducha

gel douche

el shampoo

shampooing

la toallita

gant de toilette

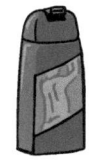

el desagüe

écoulement

la crema

crème

el desodorante

déodorant

el baño - chambre de bain

el espejo

miroir

el espejito

miroir cosmétique

la maquinita de afeitar

rasoir

la espuma de afeitar

mousse à raser

el aftershave

après-rasage

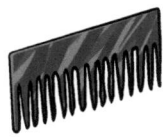

el peine

peigne

el cepillo

brosse

el secador de pelo

sèche-cheveux

el spray

laque pour cheveux

el maquillaje

fond de teint

el lápiz de labios

rouge à lèvres

el esmalte para uñas

vernis à ongles

el algodón

ouate

la tijera para uñas

coupe-ongles

el perfume

parfum

el portacosméticos

trousse de toilette

la banqueta

tabouret

la balanza

balance

la bata

peignoir

los guantes de goma

gants de nettoyage

el tampón

tampon

la toallita femenina

serviettes hygiéniques

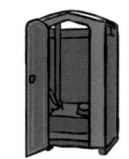

el baño químico

toilette chimique

el cuarto de los chicos
chambre d'enfant

el despertador
réveil
el peluche
doudou
el coche de juguete
voiture jouet
el sonajero
hochet
la casa de muñecas
maison de poupée
el regalo
cadeau

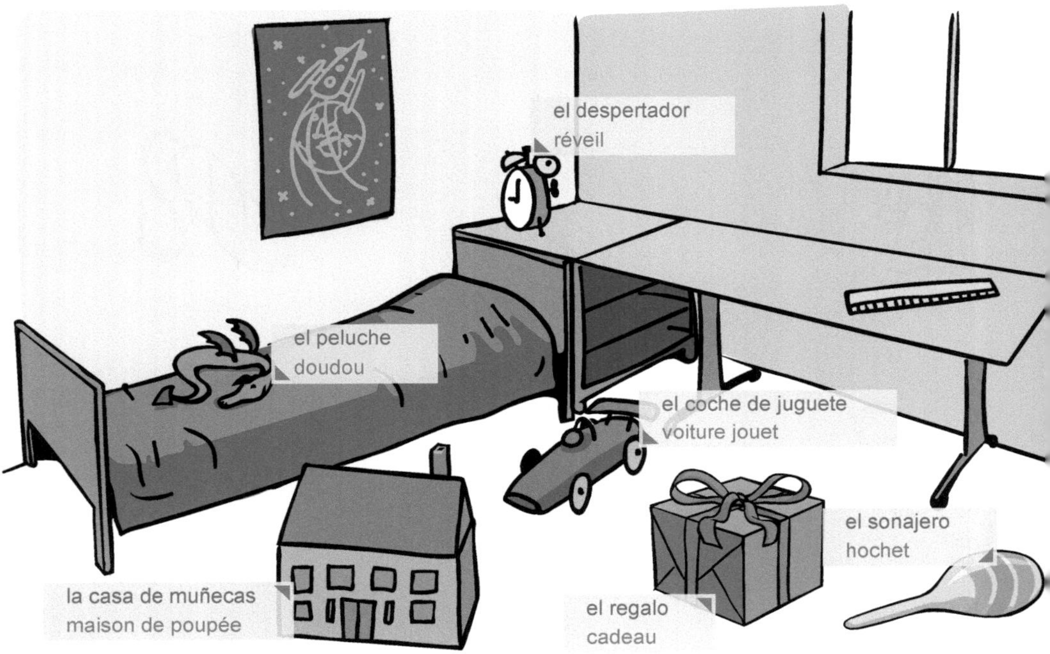

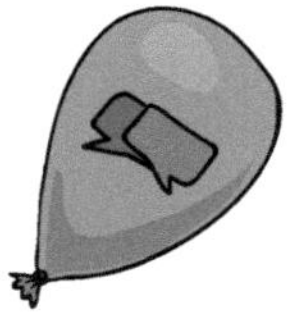

el globo

ballon

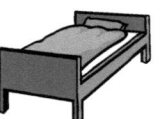

la cama

lit

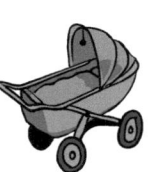

el cochecito

poussette

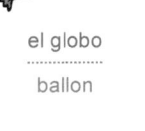

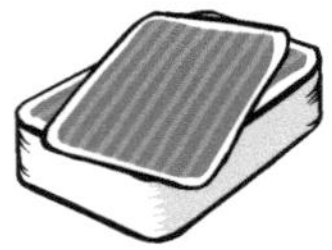

las cartas

jeu de cartes

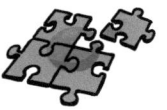

el rompecabezas

puzzle

SUPER
MEGA

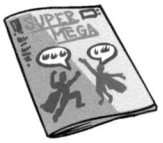

la historieta

bande dessinée

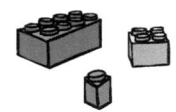

las piezas de lego

pièces lego

los ladrillos de juguete

blocs de construction

la figura de acción

figurine

el enterito (de bebé)

grenouillère

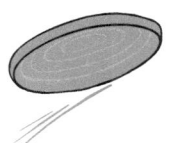

el frisbee

frisbee

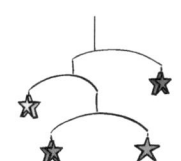

el móvil para bebés

mobile

el juego de mesa

jeu de société

los dados

dé

el tren eléctrico

train miniature

el chupete

sucette

la fiesta

fête

el libro de cuentos ilustrado

livre d'images

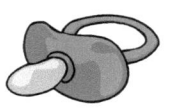

la pelota

balle

la muñeca

poupée

jugar

jouer

el arenero

bac à sable

la hamaca

balançoire

los juguetes

jouets

la consola de videojuegos

console de jeu

el triciclo

tricycle

el osito de peluche

ours en peluche

el armario

armoire

la ropa

vêtements

las medias

chaussettes

las medias panty

bas

las calzas

collant

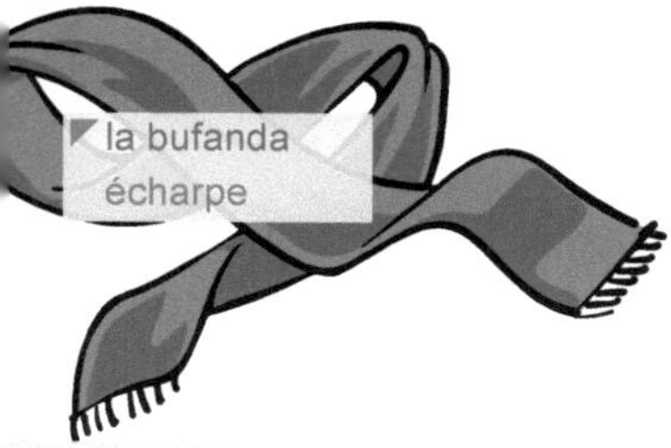

la bufanda
écharpe

el paraguas
parapluie

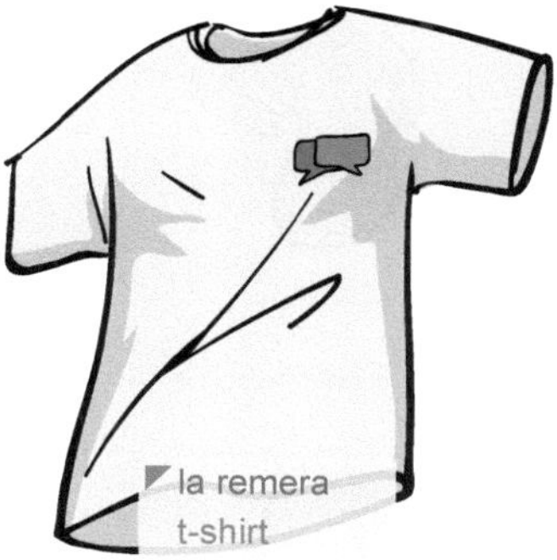

la remera
t-shirt

el cinturón
ceinture

las botas
bottes

las pantuflas
pantoufles

las zapatillas
baskets

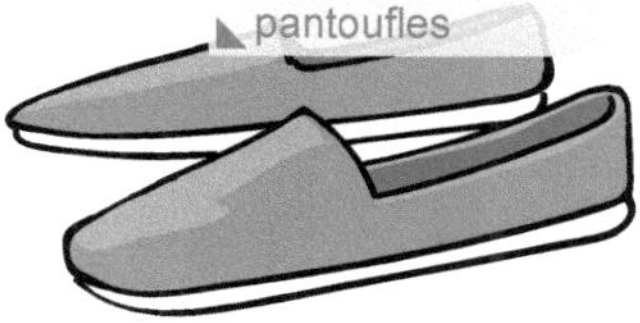

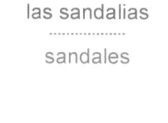

las sandalias
sandales

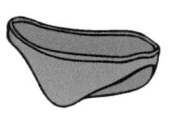

los zapatos
chaussures

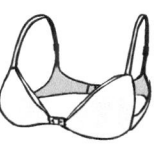

las botas de goma
bottes de caoutchouc

la ropa interior
linge de corps

el corpiño
soutien-gorge

el chaleco
maillot de corps

la ropa - vêtements

45

el body

body

los pantalones

pantalon

los jeans

jean

la pollera

jupe

la blusa

chemisier

la camisa

chemise

el pulóver

pull

el buzo

pull-over à capuche

el blazer

veste

la campera

veste

el tapado

manteau

el piloto

imperméable

el traje

costume

el vestido

robe

el vestido de novia

robe de mariée

el traje

costume

el camisón

chemise de nuit

el pijama

pyjama

el sari

sari

el pañuelo para la cabeza

foulard

el turbante

turban

la burka

burqa

el caftán

caftan

la abaya

abaya

el traje de baño

maillot de bain

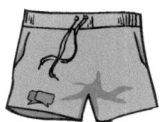

el short de baño

costume de bain

los shorts

cuissettes

el jogging

tenue d'entraînement

el delantal

tablier

los guantes

gants

el botón

bouton

los anteojos

lunettes

la pulsera

bracelet

el collar

collier

el anillo

bague

el aro

boucle d'oreille

la gorra

bonnet

la percha

cintre

el sombrero

chapeau

la corbata

cravate

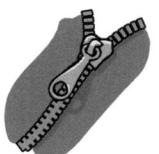

el cierre

fermeture éclair

el casco

casque

los tiradores

bretelles

el uniforme escolar

uniforme scolaire

el uniforme

uniforme

el babero
bavoir

el chupete
sucette

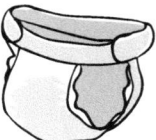
el pañal
couche

la oficina
bureau

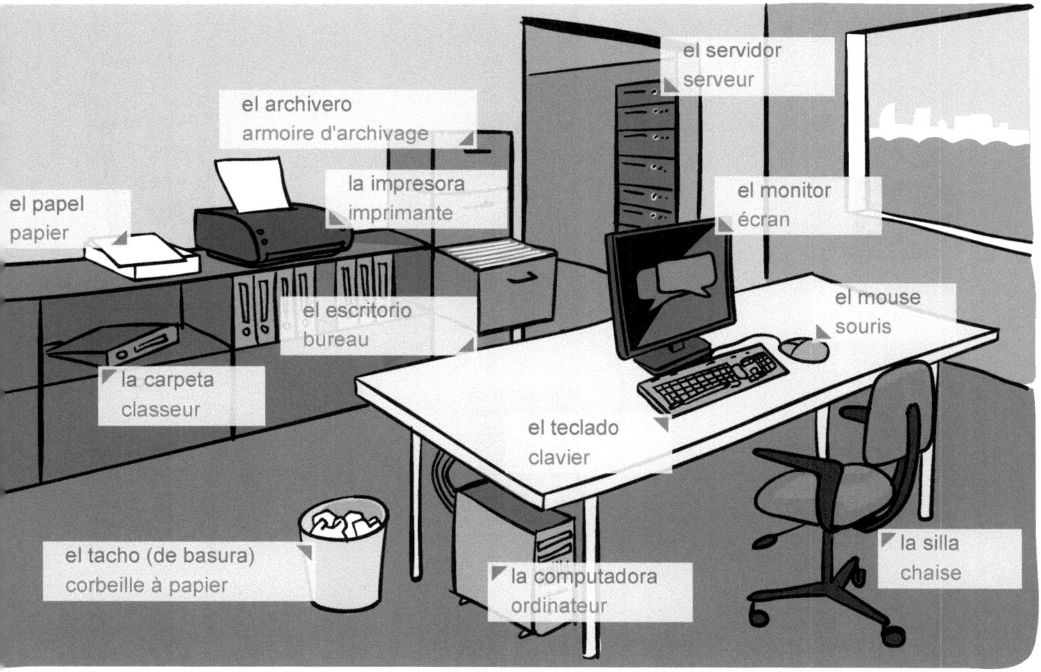

el servidor
serveur

el archivero
armoire d'archivage

el papel
papier

la impresora
imprimante

el monitor
écran

el escritorio
bureau

el mouse
souris

la carpeta
classeur

el teclado
clavier

el tacho (de basura)
corbeille à papier

la silla
chaise

la computadora
ordinateur

la taza de café
tasse à café

la calculadora
calculatrice

el internet
internet

la laptop

ordinateur portable

la carta

lettre

el mensaje

message

el celular

portable

la red

réseau

la fotocopiadora

photocopieuse

el software

logiciel

el teléfono

téléphone

el tomacorriente

prise

el fax

fax

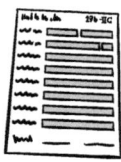

el formulario

formulaire

el documento

document

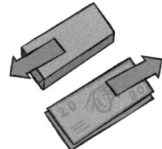

comprar

acheter

pagar

payer

hacer negocios

marchander

el dinero

monnaie

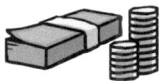

el dólar

dollar

el euro

euro

el yen

yen

el rublo

rouble

el franco suizo

franc suisse

el yuan

renminbi yuan

la rupia

roupie

el cajero automático

distributeur automatique

la casa de cambio

bureau de change

el oro

or

la plata

argent

el petróleo

pétrole

la energía

énergie

el precio

prix

el contrato

contrat

el impuesto

taxe

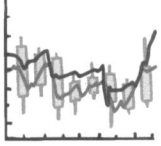

la acción

action

trabajar

travailler

el empleado

employé

el empleador

employeur

la fábrica

usine

el negocio

magasin

el policía
agent de police

el bombero
pompier

el cocinero
cuisinier

el médico
médecin

el piloto
pilote

el jardinero

jardinier

el carpintero

menuisier

la modista

couturière

el juez

juge

el farmacéutico

chimiste

el actor

acteur

el colectivero

conducteur de bus

el taxista

chauffeur de taxi

el pescador

pêcheur

la mucama

femme de ménage

el techista

couvreur

el mozo

serveur

el cazador

chasseur

el pintor

peintre

el panadero

boulanger

el electricista

électricien

el albañil

ouvrier

el ingeniero

ingénieur

el carnicero

boucher

el plomero

plombier

el cartero

facteur

el soldado

soldat

el arquitecto

architecte

el cajero

caissier

el florista

fleuriste

el peluquero

coiffeur

el cobrador

contrôleur

el mecánico

mécanicien

el capitán

capitaine

el dentista

dentiste

el científico

scientifique

el rabino

rabbin

el imán

imam

el monje

moine

el sacerdote

prêtre

las ocupaciones - professions

las herramientas
outils

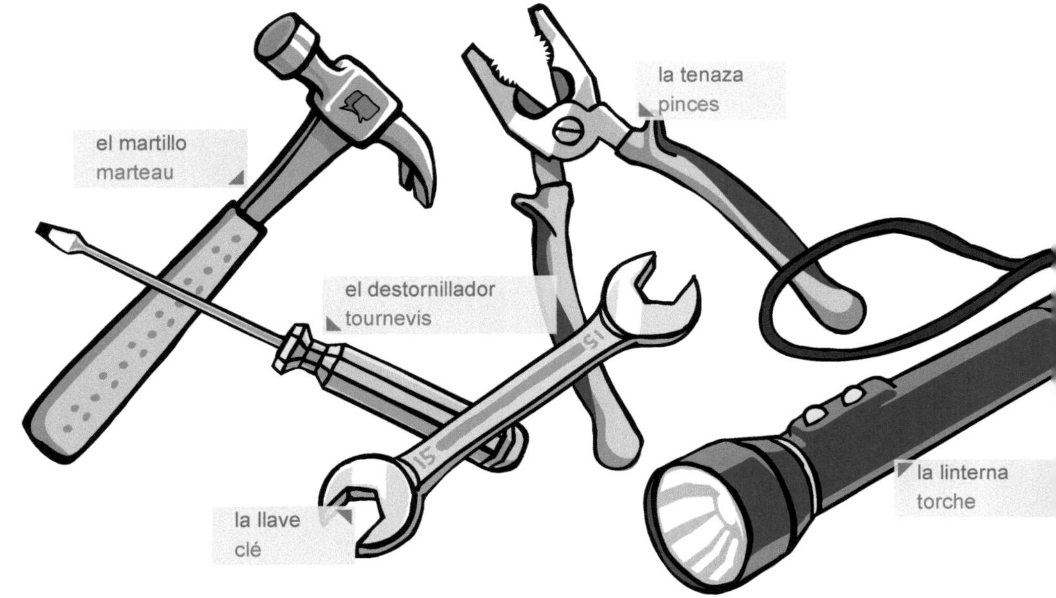
la tenaza
pinces
el martillo
marteau
el destornillador
tournevis
la linterna
torche
la llave
clé

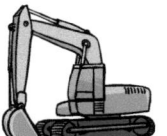

la excavadora

pelleteuse

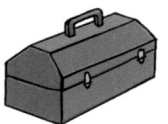

la caja de herramientas

boîte à outils

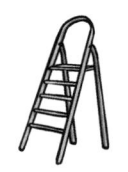

la escalera portátil

échelle

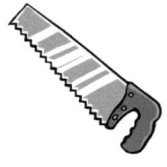

la sierra

scie

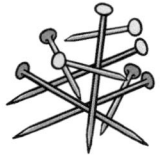

los clavos

clous

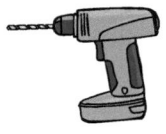

el taladro

perceuse

arreglar

réparer

la pala de jardín

pelle

¡Qué bronca!

Mince!

la pala de plástico

pelle

el tacho de pintura

pot de peinture

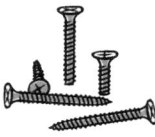

los tornillos

vis

los instrumentos musicales
instruments de musique

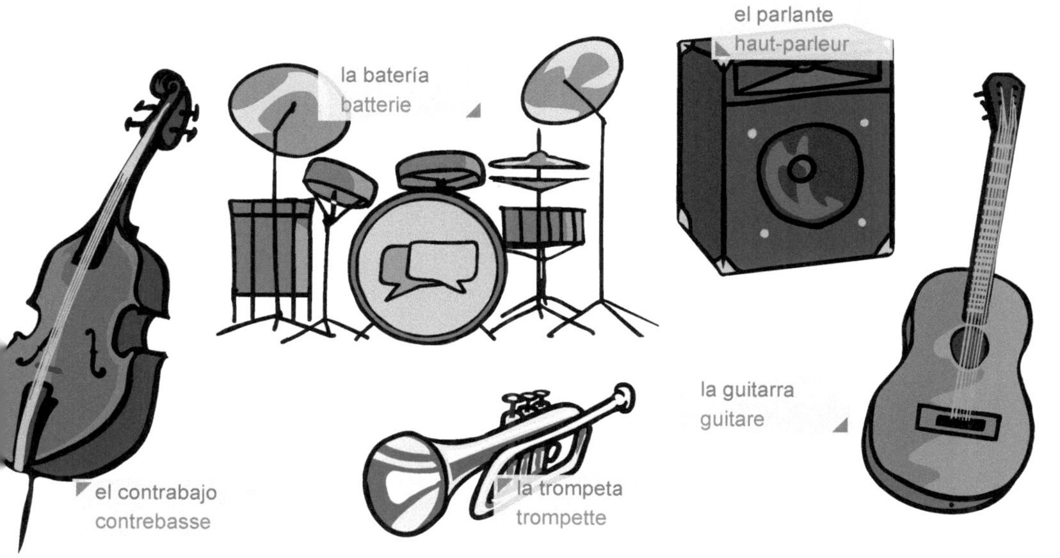

el parlante
haut-parleur

la batería
batterie

la guitarra
guitare

el contrabajo
contrebasse

la trompeta
trompette

el piano

piano

el violín

violon

el bajo

basse

los timbales

timbales

el tambor

tambour

el teclado

piano électrique

el saxofón

saxophone

la flauta

flûte

el micrófono

microphone

los instrumentos musicales - instruments de musique

el zoológico

zoo

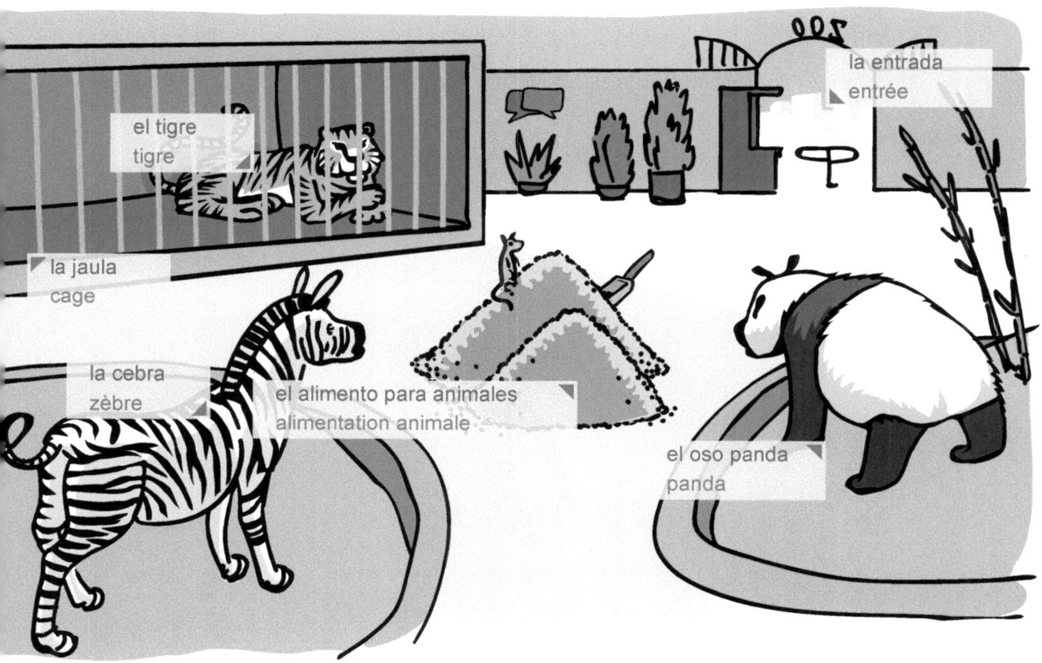
zoo
la entrada
entrée
el tigre
tigre
la jaula
cage
la cebra
zèbre
el alimento para animales
alimentation animale
el oso panda
panda

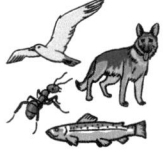

los animales

animaux

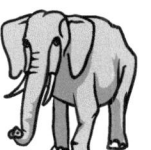

el elefante

éléphant

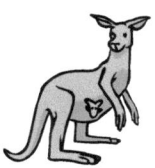

el canguro

kangourou

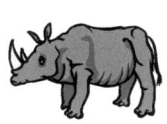

el rinoceronte

rhinocéros

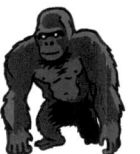

el gorila

gorille

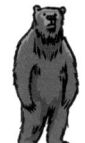

el oso

ours

el camello

chameau

el avestruz

autruche

el león

lion

el mono

singe

el flamenco

flamand rose

el loro

perroquet

el oso polar

ours polaire

el pingüino

pingouin

el tiburón

requin

el pavo real

paon

la serpiente

serpent

el cocodrilo

crocodile

el cuidador del zoológico

gardien de zoo

la foca

phoque

el jaguar

jaguar

el poni

poney

el leopardo

léopard

el hipopótamo

hippopotame

la jirafa

girafe

el águila

aigle

el jabalí

sanglier

el pescado

poisson

la tortuga

tortue

la morsa

morse

el zorro

renard

la gacela

gazelle

el fútbol americano
american Football

el ciclismo
cyclisme

el tenis
tennis

el básquet
basket-ball

la natación
natation

el boxeo
boxe

el hockey sobre hielo
hockey sur glace

el fútbol
football

el bádminton
badminton

el atletismo
athlétisme

el handball
handball

el esquí
ski

el polo
polo

las actividades
activités

reír
rire
saltar
sauter
abrazar
embrasser
caminar
marcher
cantar
chanter
soñar
rêver
rezar
prier
besar
faire la bise

escribir	dibujar	mostrar
écrire	dessiner	montrer
presionar	dar	tomar
pousser	donner	prendre

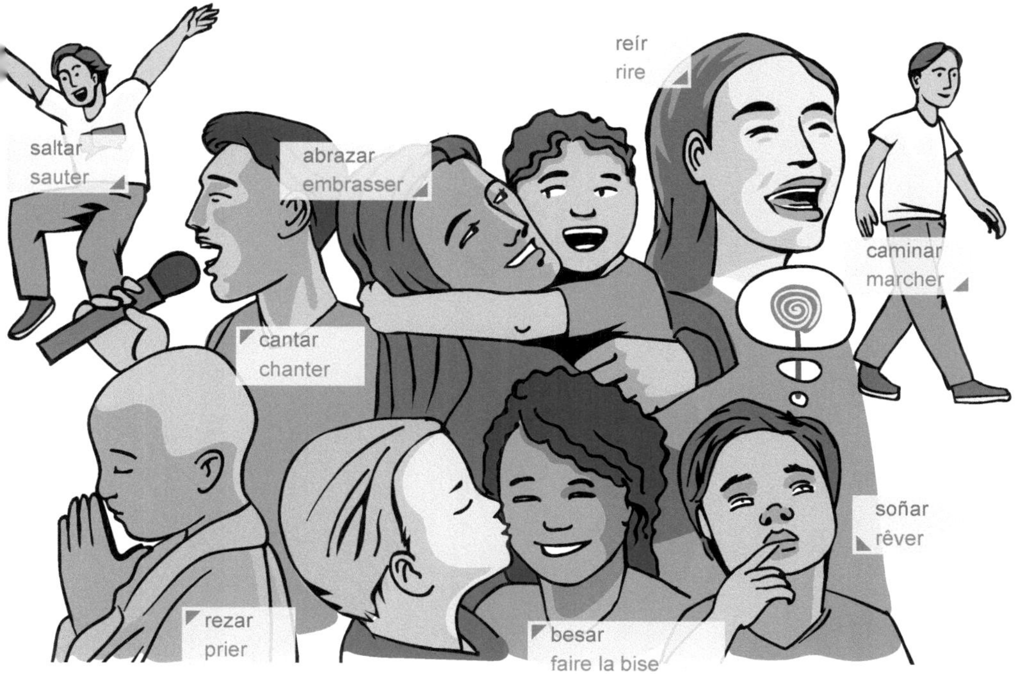

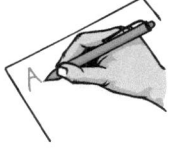

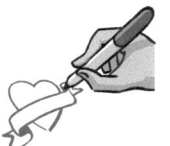

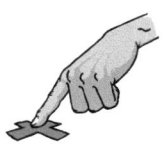

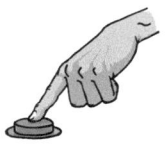

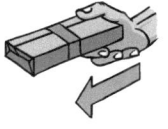

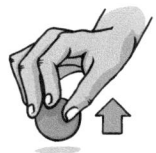

tener

avoir

hacer

faire

ser

être

estar parado

être debout

correr

courir

tirar

trier

tirar

jeter

caer

tomber

estar acostado

être couché

esperar

attendre

llevar

porter

estar sentado

être assis

vestirse

s'habiller

dormir

dormir

despertar

se réveiller

mirar

regarder

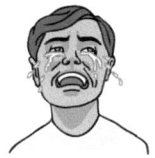

llorar

pleurer

acariciar

caresser

peinar

peigner

hablar

parler

entender

comprendre

preguntar

demander

escuchar

écouter

beber

boire

comer

manger

ordenar

ranger

amar

aimer

cocinar

cuire

manejar

conduire

volar

voler

navegar

faire de la voile

calcular

calculer

leer

lire

aprender

apprendre

trabajar

travailler

casarse

se marier

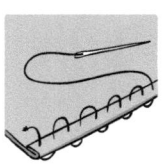

coser

coudre

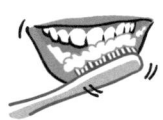

cepillarse los dientes

se brosser les dents

matar

tuer

fumar

fumer

enviar

envoyer

la familia
famille

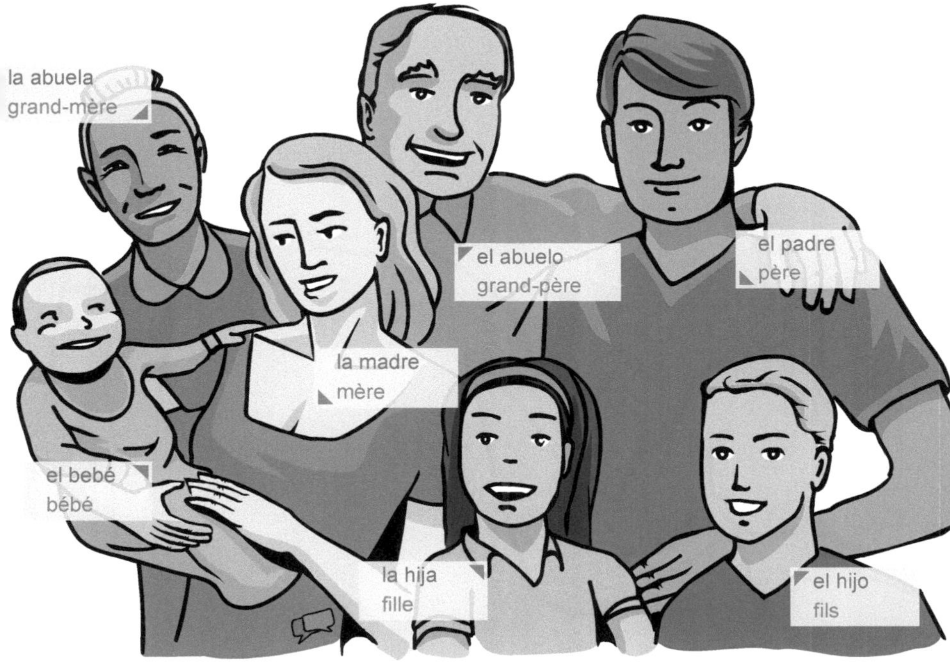
la abuela
grand-mère
el abuelo
grand-père
el padre
père
la madre
mère
el bebé
bébé
la hija
fille
el hijo
fils

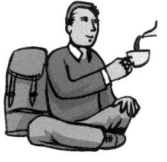

el invitado

hôte

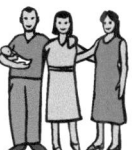

la tía

tante

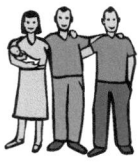

el tío

oncle

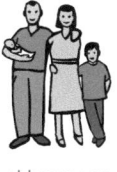

el hermano

frère

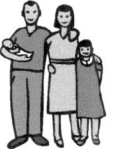

la hermana

sœur

el cuerpo

corps

la frente
front
el ojo
œil
el hombro
épaule
el dedo
doigt
la cara
visage
la pera
menton
la mano
main
la pierna
jambe
el pecho
poitrine
el brazo
bras

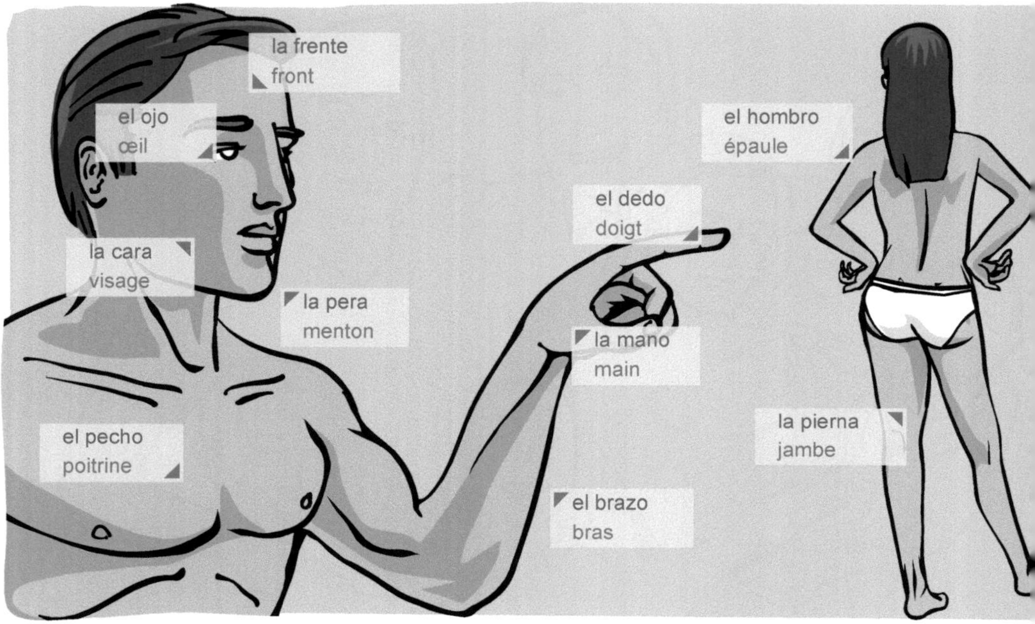

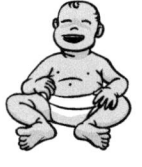

el bebé

bébé

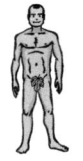

el hombre

homme

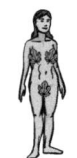

la mujer

femme

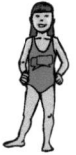

la nena

fille

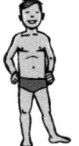

el nene

garçon

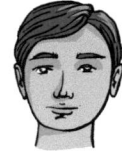

la cabeza

tête

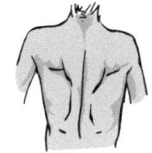

la espalda

dos

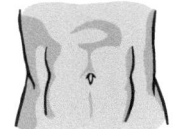

la panza

ventre

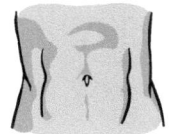

el ombligo

nombril

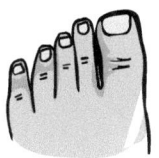

el dedo del pie

orteil

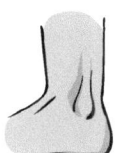

el talón

talon

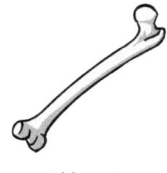

el hueso

os

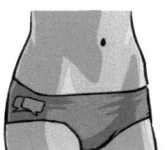

la cadera

hanche

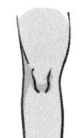

la rodilla

genou

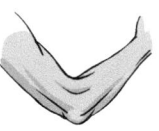

el codo

coude

la nariz

nez

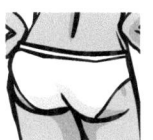

la cola

fesses

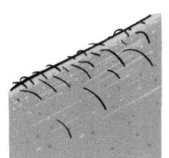

la piel

peau

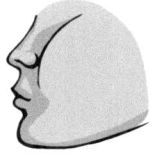

el cachete

joue

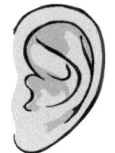

la oreja

oreille

el labio

lèvre

el cuerpo - corps

69

la boca

bouche

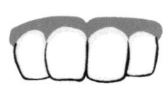

el diente

dent

la lengua

langue

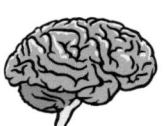

el cerebro

cerveau

el corazón

cœur

el músculo

muscle

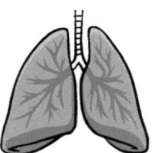

el pulmón

poumons

el hígado

foie

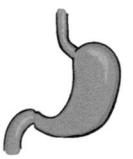

el estómago

estomac

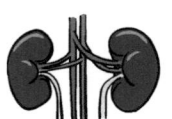

los riñones

reins

el sexo

rapport sexuel

el preservativo

préservatif

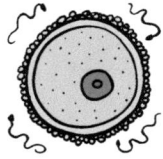

el óvulo

ovule

el semen

sperme

el embarazo

grossesse

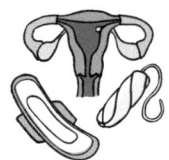

la menstruación

menstruation

la vagina

vagin

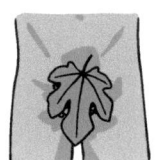

el pene

pénis

la ceja

sourcil

el pelo

cheveux

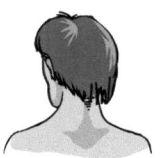

el cuello

cou

el hospital
hôpital

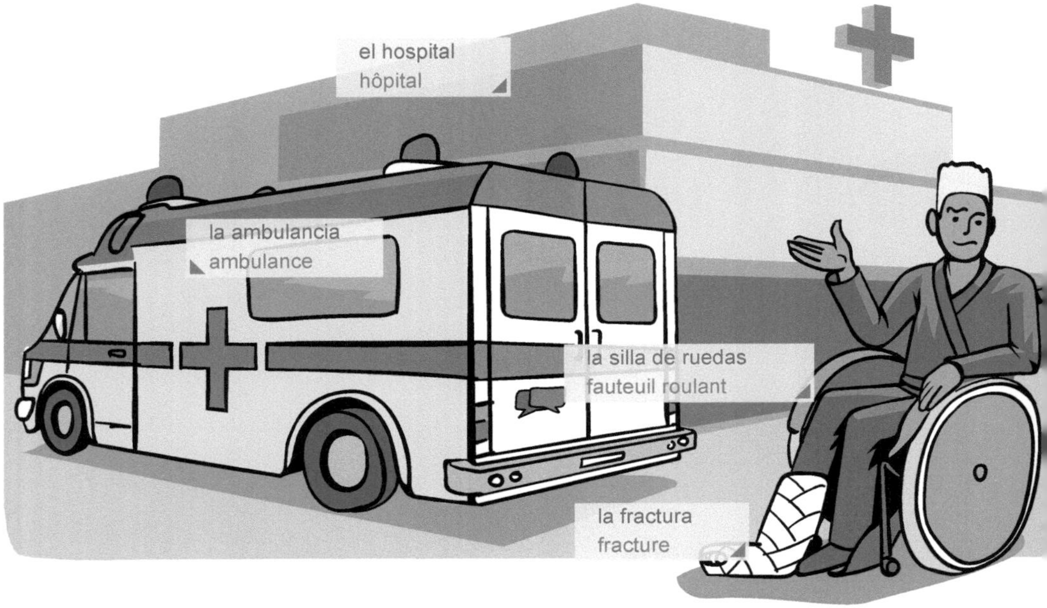

el hospital
hôpital
la ambulancia
ambulance
la silla de ruedas
fauteuil roulant
la fractura
fracture

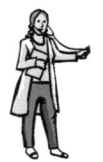

el médico

médecin

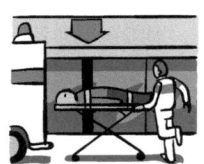

la sala de guardia

service des urgences

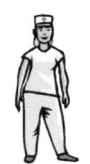

la enfermera

infirmière

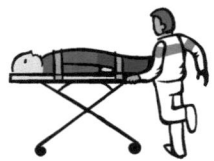

la emergencia

urgence

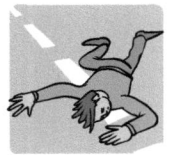

inconsciente

inconscient

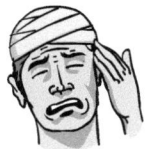

el dolor

douleur

la lesión
blessure

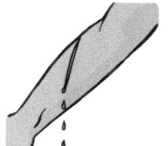

la hemorragia
hémorragie

el infarto
crise cardiaque

el ACV
attaque cérébrale

la alergia
allergie

la tos
toux

la fiebre
fièvre

la gripe
grippe

la diarrea
diarrhée

el dolor de cabeza
mal de tête

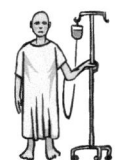

el cáncer
cancer

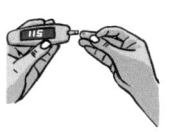

la diabetes
diabète

el cirujano
chirurgien

el bisturí
scalpel

la operación
opération

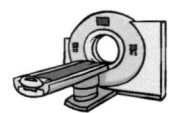

la TC
CT

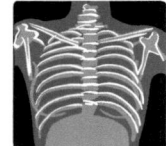

los rayos x
radiographie

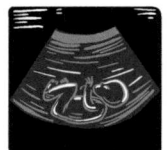

la ecografía
échographie

el barbijo
masque

la enfermedad
maladie

la sala de espera
salle d'attente

la muleta
béquille

la curita
pansement

la venda
pansement

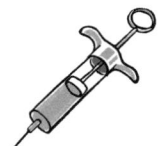

la inyección
injection

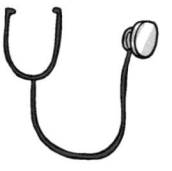

el estetoscopio
stéthoscope

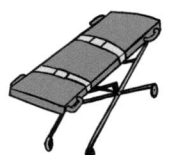

la camilla
brancard

el termómetro
thermomètre

el nacimiento
accouchement

el sobrepeso
surpoids

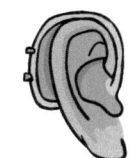

el audífono

appareil auditif

el desinfectante

désinfectant

la infección

infection

el virus

virus

el VIH / SIDA

VIH / sida

el remedio

médicament

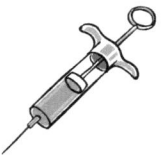

la vacunación

vaccination

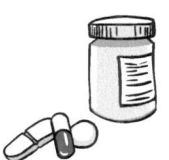

los comprimidos

tablettes

la pastilla anticonceptiva

pilule

llamada de emergencia

appel d'urgence

el tensiómetro

tensiomètre

enfermo / sano

malade / sain

¡Ayuda!

Au secours!

la alarma

alarme

la agresión

agression

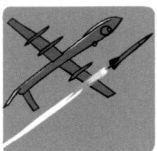

el ataque

attaque

el peligro

danger

la salida de emergencia

sortie de secours

¡Fuego!

Au feu!

el matafuego

extincteur

el accidente

accident

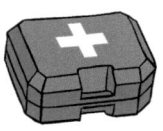

el botiquín de primeros auxilios

trousse de premier secours

el SOS

SOS

la policía

police

Europa

Europe

América del Norte

Amérique du Nord

América del Sur

Amérique du Sud

África

Afrique

Asia

Asie

Australia

Australie

el Atlántico

Océan atlantique

el Pacífico

Océan pacifique

el Océano Índico

Océan indien

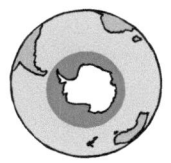

el Océano Antártico

Océan antarctique

el Océano Ártico

Océan arctique

el polo norte

Pônord

el polo sur

Pôsud

la Antártida

Antarctique

la Tierra

terre

la tierra

pays

el mar

mer

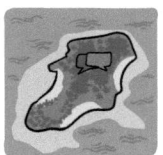

la isla

île

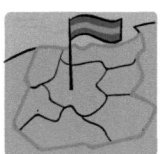

la nación

nation

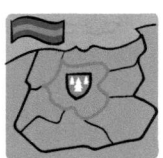

el estado

état

la esfera

cadran

la manecilla de las horas

aiguille des heures

el minutero

aiguille des minutes

el segundero

aiguille des secondes

¿Qué hora es?

Quelle heure est-il?

el día

jour

la hora

temps

ahora

maintenant

el reloj digital

montre digitale

el minuto

minute

la hora

heure

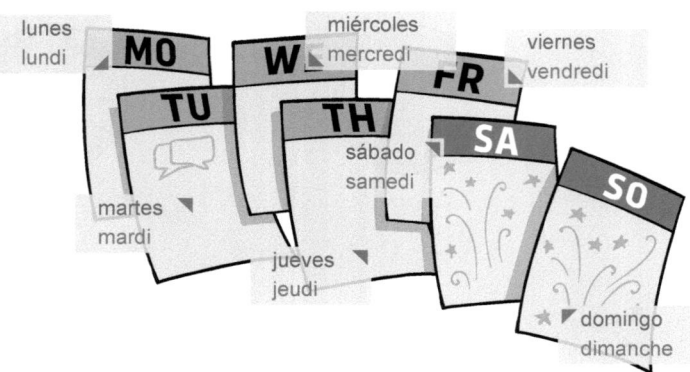

lunes / lundi
miércoles / mercredi
viernes / vendredi
martes / mardi
sábado / samedi
jueves / jeudi
domingo / dimanche

ayer

hier

hoy

aujourd'hui

mañana

demain

la mañana

matin

el mediodía

midi

la tarde

soir

MO	TU	WE	TH	FR	SA	SU
1	2	3	4	5	6	7
8	9	10	11	12	13	14
15	16	17	18	19	20	21
22	23	24	25	26	27	28
29	30	31	1	2	3	4

los días hábiles

jours ouvrables

MO	TU	WE	TH	FR	SA	SU
1	2	3	4	5	6	7
8	9	10	11	12	13	14
15	16	17	18	19	20	21
22	23	24	25	26	27	28
29	30	31	1	2	3	4

el fin de semana

week-end

la lluvia
pluie

el arco iris
arc-en-ciel

la nieve
neige

el viento
vent

la primavera
printemps

el otoño
automne

el verano
été

el invierno
hiver

4.APRIL	11°	☀
5.APRIL	4°	☁
6.APRIL	13°	☁
7.APRIL	8°	☀
8.APRIL	10°	☀

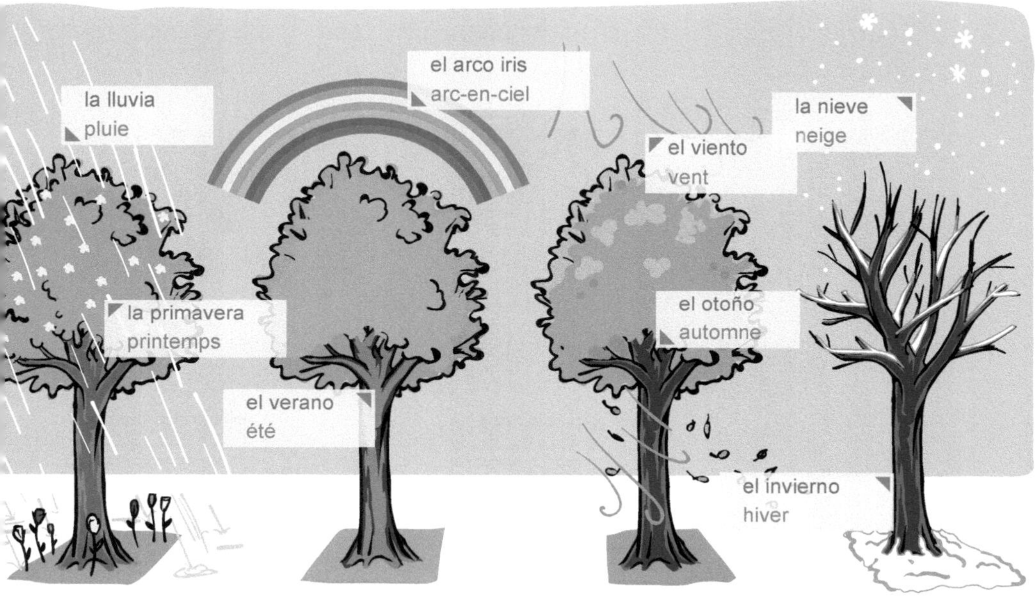

pronóstico meteorológico

météo

el termómetro

thermomètre

la luz del sol

lumière du soleil

la nube

nuage

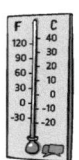

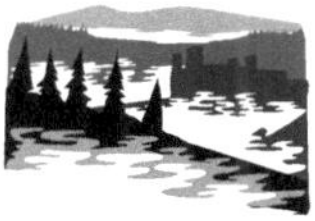

la niebla

brouillard

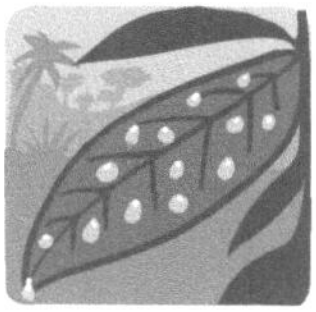

la humedad

humidité

el rayo

foudre

el trueno

tonnerre

la tormenta

tempête

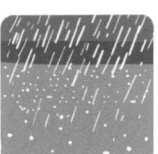

el granizo

grêle

el monzón

mousson

la inundación

inondation

el hielo

glace

enero

janvier

febrero

février

marzo

mars

abril

avril

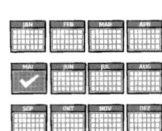

mayo

mai

junio

juin

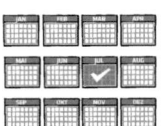

julio

juillet

agosto

août

septiembre
....
septembre

octubre
....
octobre

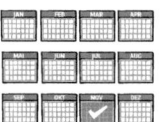

noviembre
....
novembre

diciembre
....
décembre

las formas
formes

el círculo
....
cercle

el cuadrado
....
carré

el rectángulo
....
rectangle

el triángulo
....
triangle

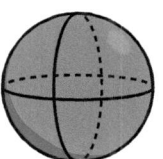

la esfera
....
sphère

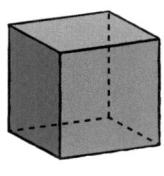

el cubo
....
cube

colores
couleurs

blanco

blanc

amarillo

jaune

naranja

orange

rosa

rose

rojo

rouge

violeta

violet

azul

bleu

verde

vert

marrón

marron

gris

gris

negro

noir

mucho / poco

beaucoup / peu

enojado / tranquilo

fâché / calme

lindo / feo

joli / laid

el principio / el fin

début / fin

grande / chico

grand / petit

claro / oscuro

clair / obscure

l hermano / la hermana

frère / sœur

limpio / sucio

propre / sale

completo / incompleto

complet / incomplet

el día / la noche

jour / nuit

muerto / vivo

mort / vivant

ancho / angosto

large / étroit

comestible / no comestible
....
comestible / incomestible

malo / amable
....
méchant / gentil

entusiasmado / aburrido
....
excité / ennuyé

gordo / flaco
....
gros / mince

primero / último
....
premier / dernier

el amigo / el enemigo
....
ami / ennemi

lleno / vacío
....
plein / vide

duro / blando
....
dur / souple

pesado / liviano
....
lourd / léger

el hambre / la sed
....
faim / soif

enfermo / sano
....
malade / sain

ilegal / legal
....
illégal / légal

inteligente / estúpido
....
intelligent / stupide

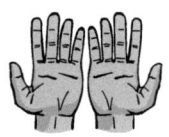

izquierda / derecha
....
gauche / droite

cerca / lejos
....
proche / loin

nuevo / usado
nouveau / usé

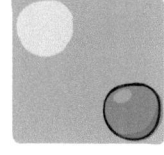

nada / algo
rien / quelque chose

viejo / joven
vieux / jeune

encendido / apagado
marche / arrêt

abierto / cerrado
ouvert / fermé

silencioso / ruidoso
faible / fort

rico / pobre
riche / pauvre

correcto / incorrecto
correct / incorrect

áspero / suave
rugueux / lisse

triste / contento
triste / heureux

corto / largo
court / long

lento / rápido
lent / rapide

mojado / seco
mouillé / sec

caliente / frío
chaud / froid

guerra / paz
guerre / paix

0

cero

zéro

1

uno

un

2

dos

deux

3

tres

trois

4

cuatro

quatre

5

cinco

cinq

6

seis

six

7

siete

sept

8

ocho

huit

9

nueve

neuf

10

diez

dix

11

once

onze

12

doce

douze

13

trece

treize

14

catorce

quatorze

15

quince

quinze

16

dieciséis

seize

17

diecisiete

dix-sept

18

dieciocho

dix-huit

19

diecinueve

dix-neuf

20

veinte

vingt

100

cien

cent

1.000

mil

mille

1.000.000

el millón

million

el inglés

anglais

el inglés americano

anglais américain

el chino mandarín

chinois mandarin

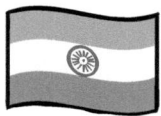

el hindi

hindi

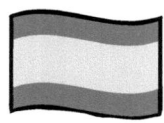

el español

espagnol

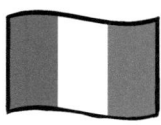

el francés

français

el árabe

arabe

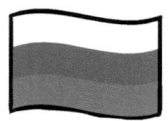

el ruso

russe

el portugués

portugais

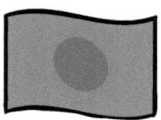

el bengalí

bengali

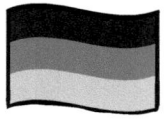

el alemán

allemand

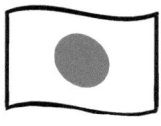

el japonés

japonais

yo

je

vos

tu

él / ella

il / elle

nosotros

nous

ustedes

vous

ellos

ils / elles

¿quién?

qui?

¿qué?

quoi?

¿cómo?

comment?

¿dónde?

où?

¿cuándo?

quand?

el nombre

nom

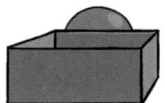

detrás

derrière

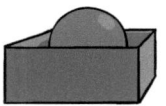

en

dans

adelante de

devant

por encima de

au-dessus

sobre

sur

debajo de

en-dessous

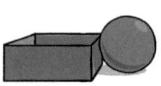

al lado de

à côté de

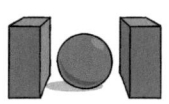

entre

entre

el lugar

lieu